L'Intimité Française et la Censure

PLAIDOIRIE

prononcée devant le 2e Conseil de Guerre de Paris
le 10 Septembre 1915

PAR

ME JACQUES BONZON
Avocat à la Cour
Directeur de « La Liberté d'Opinion »

SUIVIE
d'une étude sur le moyen de combattre les illégalités de la Censure

PARIS

1915

’Intimité Française et la Censure

PLAIDOIRIE

ononcée devant le 2e Conseil de Guerre de Paris
le 10 Septembre 1915

PAR

Me JACQUES BONZON
Avocat à la Cour
Directeur de « La Liberté d’Opinion »

SUIVIE
ne étude sur le moyen de combattre les illégalités de la Censure

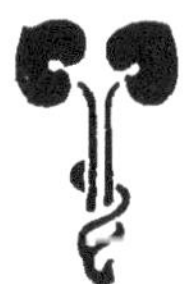

PARIS

1915

COLONEL,

MESSIEURS,

Les « propos alarmistes » reprochés à mon client, et que celui-ci a la franchise de reconnaître, étaient fâcheux, et je n'entends pas un instant les justifier. Même si quelqu'une de nos troupes a pu faiblir, il était mauvais de le révéler. Le devoir est aujourd'hui très net : les militaires doivent se battre, et les civils se taire. Non certes que l'armée elle-même soit infaillible. Cette prétention qu'affiche un autre pouvoir, nul ne doit l'envier. Monsieur le Commissaire du gouvernement, lorsque vous juriez dans votre réquisitoire que jamais ni un officier ni un soldat n'avait faibli, vous étiez papiste. Songez à ces volontaires de la Révolution, dont l'historien Rousset, entré à l'Académie pour ses écrits bien pensants, nous a retracé la débandade, et la clameur éternelle : « Nous sommes trahis », et la nécessité de les décimer avant d'en ramener au feu les survivants désormais héroïques. Les meilleures troupes peuvent avoir leur faiblesse. Et pourtant, je le répète, il est mauvais de le dire. Moi-même, à cette barre, je désapprouve mon client de l'avoir fait.

Mais la désapprobation morale doit-elle s'accompagner d'une condamnation légale ? Voilà seulement ce que je prétends plaider. Les conditions où ces « propos alarmistes » furent répandus les font-elles tomber sous votre juridiction ? Là est toute la question, qui dépasse singulièrement mon client, et, sans grossir outre mesure ce modeste procès, nous intéresse tous, vous l'allez bientôt voir.

Mais d'abord, de tels propos, que le langage déformé d'aujourd'hui déclare « alarmistes », pourquoi ne les avez-vous pas toujours poursuivis, alors surtout qu'ils semblaient le plus meurtriers ? Nous avions cité à cette audience un personnage qui est apparu trop auguste pour qu'un huissier osât le faire comparoir. La citation à témoin portée chez M. le sénateur Gervais l'a trouvé, paraît-il, mobilisé, et par conséquent insaisissable. Or, vous n'oubliez pas cet article de naguère, où le journal qui dit tout révéla, par la plume de M. Gervais, qu'un corps de troupes méridionales avait faibli. Le journal qui dit tout le dit par cinq cent mille feuilles, à moins que ce ne soit par un million. Un sénateur est un personnage auguste. L'avez-vous poursuivi, lui et son *Matin ?* Pourquoi ces traitements inégaux, entre l'auguste qui siège confortablement au Sénat, et le pauvre diable évacué d'Arras, qui cherche à Paris une pitance incertaine ? Vous qui savez si bien le français, Messieurs, vous n'ignorez pas qu'inégalité a la même origine qu'iniquité. *Inœquum*. Trouvez-vous dès l'abord votre poursuite très équitable ?

Mais elle existe. Et ce n'est pas vous, juges, qui l'avez voulue. Vous n'avez qu'à la résoudre : et je ne désire point me dérober en quelque avocasserie. Et tout de suite, je reconnais votre poursuite recevable. Le lieu où ces propos ont été proférés est un restaurant : en droit c'est un lieu public. S'il ne vous faut que cet élément juridique pour condamner, vous jugerez facilement. Mais il en faut d'autres sortes, et là vous aurez plus de peine à établir un arrêt équitable.

La loi qu'on vous requiert de nous appliquer, la loi qui nous menace, est celle aussi qui vous lie. Vous ne pouvez pas, même en ce temps d'accommodements judiciaires, nous frapper à votre guise, et sans textes. Relisons donc l'article I de la loi du 5 août 1914, dont le titre est tout de suite à considérer.

Loi du 5 août 1914, réprimant les indiscrétions de la presse en temps de guerre. (Journal Officiel *du 6 août 1914.*)

« Art. 1. — Il est interdit de publier, par l'un des moyens énoncés à l'art. 23 de la loi sur la presse du 29 juillet 1881, des informations et renseignements autres que ceux qui seraient communiqués par le Gouvernement ou le commandement sur les points suivants :

Opérations de la mobilisation et du transport des troupes et du matériel ;

Effectifs. — Composition des corps, unités, détachements, ordre de bataille ;

Effectifs des hommes restés ou rentrés dans leurs foyers ;

Effectifs des blessés, tués ou prisonniers ;

Travaux de défense ;

Situation de l'armement, du matériel, des approvisionnements ;

Situation sanitaire ;

Nominations et mutations dans le haut Commandement ;

Dispositions, emplacements et mouvements des armées, des détachements et de la flotte ;

Et en général toute information ou article concernant les opérations militaires ou diplomatiques de nature à favoriser l'ennemi et à exercer une influence fâcheuse sur l'esprit de l'armée et des populations. »

Et voici l'article 2, bien propre à faire trembler les méchants :

« Toute infraction aux dispositions de l'article précédent sera punie d'un emprisonnement de un à cinq ans et d'une amende de 1.000 à 5.000 fr. »

Ces textes ne suffisent pas encore. Ils se réfèrent à la loi de 1881, c'est sur elle qu'ils s'appuient : il faut donc connaître de celle-ci l'article 23, visé dans l'article 1 que je viens de vous lire. Voici ce 23e article de la grande charte par laquelle la République crut donner la liberté à la pensée française et ne lui infligea qu'un bâillon de plus :

« Seront punis comme complices d'une action qualifiée crime ou délit ceux qui, soit par des discours, cris ou menaces proférés dans des lieux ou réunions publics, soit par des écrits, des imprimés vendus ou distribués, mis en vente ou exposés dans des lieux ou réunions publics, soit par des placards ou affiches exposés au regard du public, auront directement provoqué l'auteur ou les auteurs à commettre la dite action, si la provocation a été suivie d'effet.

Cette disposition sera également applicable lorsque la provocation n'aura été suivie que d'une tentative de crime prévue par l'article 2 du Code pénal. »

Mais l'article 23 n'apporte, lui encore, qu'un secours insuffisant à notre thèse. La loi de 1914 ne vise cet article qu'en ce qu'il énumère les *moyens* d'action coupable, de pensée coupablement publiée. Ce qu'il faut voir, c'est la pensée même que la loi prohibe, lorsque la République enfin consolidée, triomphante de cet Ordre Moral si près duquel nous revenons aujourd'hui, se croit assez forte pour libérer (c'est au moins sa promesse) la pensée jusqu'alors étouffée sous l'arbitraire du dogme agréable au pouvoir. Or un autre article nous apprend presque aussitôt la façon dont le législateur va permettre en 1881 la divulgation de la pensée. C'est l'article 27 :

« La publication ou reproduction de nouvelles fausses, de pièces fabriquées, falsifiées ou mensongèrement attribuées à des tiers, sera punie d'un emprisonnement d'un mois à un an et d'une amende de 50 francs à 1.000 francs ou de l'une de ces deux peines seulement, lorsque la publication ou reproduction aura troublé la paix publique et qu'elle aura été faite de mauvaise foi. »

L'évolution de la loi sur la pensée n'est pas allée jusqu'au point où l'espéraient les libéraux ; mais elle n'est pas revenue au point où l'appelaient les autoritaires. La vérité devient désormais intangible ; on peut la divulguer en toute indépendance. Seule la fausseté sera répréhensible, et encore lorsqu'elle aura troublé « la paix publique ». Il était surabondant d'ajouter, en parlant d'une information fausse : « et qu'elle aura été faite de mauvaise foi ». Les augustes du Parlement ne savaient déjà plus le français même à l'aurore de la République. *Fausseté* implique mauvaise foi. Mais vous le voyez, Messieurs, la *fausseté* seule restait punissable lorsqu'elle se manifestait publiquement, à propos de la vie publique, et qu'elle avait pu nuire à la vie publique. La vérité enfin pouvait sortir du puits légal.

La loi de 1914 l'y a replongée. Même vraie, toute information, même justifié, tout article de journal est punissable « concernant les opérations militaires ou diplomatiques de nature à favoriser l'ennemi et à exercer une influence fâcheuse sur l'esprit de l'armée et des populations ». Tout n'est-il pas militaire en ce moment de guerre, diplomatique en ce moment d'alliances ? Plus d'autres divulgations que celles du gouvernement. M. Poincaré est seul à dispenser la vérité, parce qu'il est seul à la comprendre. Voilà donc accordé au gouvernement de l'« Union sacrée » ce que le vicomte de Chateaubriand aurait refusé au Roi, Lacordaire au Pape, Victor Hugo à la République naissante.

Comment sceller assez fortement le couvercle du puits? Incohérence de la censure, de ce pouvoir indéfinissable qui a dix-neuf tentacules sans vraisemblablement avoir de tête. Hier, villégiaturant en quelque banlieue, je contemplais un de mes voisins de wagon, qui lisait imprudemment le grave *Journal de Genève*. S'il l'avait lu tout haut, c'était nuée de « propos alarmistes », propres à le faire incontinent empoigner, puis jeter sous votre main. Ne lisait-il pas que les Allemands venaient de prendre Varsovie, — et combien d'autres nouvelles que le gouvernement ne veut pas extraire du puits? De même il pouvait lire une lettre d'un des ministres français, M. Augagneur peut-être, ou tel autre (on les confond si aisément), lettre qui fulgurait dans le *Times*, puis chez tous les neutres, mais que nos journaux ont reçu défense de publier.

Et, pendant ce régime qu'on fait à la vieille France de Juillet et des Ordonnances balayées avec Charles X, nous avons tous des amis ou des parents, officiers ou soldats, qui nous renseignent par le menu sur ce que nous ne leur demandons même pas.

Eh bien, soit. Subissons même cela. Battez-vous, et nous nous tairons. Je n'ai plus fait une conférence, je n'ai plus écrit un article depuis le 1er août 1914. J'ai laissé aux bénisseurs les redondances officielles d'une Sorbonne prise d'assaut par les bavards. Quand vous ne jugerez plus, je ne parlerai plus. Subissons tout cela, en cette France qui était si grande parce qu'elle était à peu près libre. Mais il est un lieu où vous n'entrerez pas, un milieu où nous resterons indépendants : l'intimité.

Les propos de mon client, je ne les justifie pas. Publics, ils pouvaient à la rigueur alarmer les populations et l'armée, réjouir l'ennemi, agir sur les opérations militaires ou diplomatiques. Mais où furent-ils proférés ? Dans un lieu public, comme le veut l'article 23 de la loi de 1881, article qui est l'assise de votre loi nouvelle ? Oui, en droit. — Non, en fait. — Les avocasseries, ce n'est pas moi qui les cherche.

Le restaurant où la causerie eut lieu ne contenait que deux personnes qui pussent entendre mon client. Les témoins ont été formels. Tous ceux que vous avez fait citer à votre requête, vous, Ministère public, l'ont répété. Mon client causait dans un coin isolé avec une de ses relations. Il exhalait ses douleurs, ses amertumes, ses rancœurs de réfugié dont la ville expire sous les obus, tandis que lui-même cherche asile parmi la foule forcément endurcie de l'immense capitale. Soudain s'approche des deux causeurs un autre habitué du restaurant — retenez bien — un habitué, que mon client connaît depuis quelques temps. Ainsi, le chanoine Antoine de Mouchy, Inquisiteur de la Foi, avait de souples émissaires qui se répandaient parmi les Parisiens familiers et confiants. Et sans doute n'est-ce pas la mouche remuante et malpropre, mais l'Inquisiteur de Mouchy de plus noble envergure qui nous a valu les *mouchards*. La conversation se poursuit avec abandon. Et le lendemain voilà mon client dénoncé, puis inculpé et même quelques jours arrêté.

Or c'est là tout mon procès, ce qui le rend dangereux pour tous. Messieurs, vous êtes en train de nous faire une France inhabitable.

Comment ! nous ne pourrons plus parler à deux, sans voir se glisser entre nous l'agent

de l'Inquisiteur ? Ici, dans ce Palais, vous pourrez nous prendre à la gorge pour nos causeries de couloirs, ou de vestiaire, ou de prétoire ? C'est une publicité, la causerie d'un fond de restaurant, d'un pauvre hôtel où, à trois heures de l'après-midi, n'entre personne ?

La bonne devient inquiétante dans l'humble ménage, le garçon à la table du buffet de gare nous épie, la concierge qui, nous remettant notre courrier, gémit que « tout augmente », est peut-être soudoyée pour écrire une de ces lettres anonymes par lesquelles polices militaires et civiles sont submergées. Croyez-vous donc qu'on fait la victoire en violant l'intimité la plus sacrée, celle de la famille ou de l'amitié ? La victoire, nous ne l'avons pas encore. Quand enfin elle s'affirmera, nous éclaterons en chants d'allégresse. Jusque-là, taisons-nous en public. Mais laissez nos cœurs déborder dans le secret de l'amitié ou de la famille. Qu'il soit encore un lieu où vous ne cherchiez pas à entrer.

Et cela, Messieurs, ce n'est même pas moi qui le plaide : c'est votre dossier. Le Ministère Public, d'accord avec le juge rapporteur, avait conclu à un non-lieu. Le gouverneur de Paris a ordonné une poursuite. Dans ces affaires d'inculpés bien modestes, le gouverneur de Paris ne s'appelle pas Galliéni. En réalité il porte le nom d'un magistrat du temps de paix, d'un avocat-général, fonction très civile, mais très peu militaire. M. Galliéni serait-il l'ordonnateur direct de notre poursuite que je n'aurais pas davantage à m'incliner. M. Galliéni n'est pas infaillible. Et nous n'habitons pas des cases au Soudan ni des paillotes à Madagascar. Aujourd'hui le Ministère Public, dont la plume est serve et la parole libre, ayant librement écrit mon innocence, récite librement ma culpabilité. A vous, Messieurs, de concilier ces servitudes et ces indépendances.

Le Conseil, par 5 voix contre 2, déclara l'inculpé coupable, et le condamna à 50 francs d'amende.

Le Commissaire du gouvernement qui requit dans l'affaire était M. le capitaine Montel, et le Président qui prononça la peine était M. le lieutenant-colonel Humbert.

Les illégalités de la Censure

ET LE

moyen de les combattre

Sombre fidélité pour les choses passées,
Sois ma force, et ma joie, et mon pilier d'airain.

La Censure est plus qu'arbitraire : elle est illégale. C'est une vérité qui traîne partout, et que je n'entends pas avoir découverte. Je voudrais seulement prouver que les journalistes sont inexcusables de n'y avoir point répondu depuis quinze mois autrement que par des jérémiades, alors que le recours à l'action légale est bien simple.

Illégale dans ses empiétements, la Censure est facile à démasquer. Il suffit de voir le paragraphe final de cet article I que je relisais — ou plutôt lisais, car ils ne connaissent guère les textes, et n'en ont cure — aux juges du Conseil de guerre, dans la loi du 5 août 1914. Si mal rédigé que puisse paraître ce paragraphe, écrit en ce langage compact que le parlementarisme contemporain assène à la littérature, la phrase n'en forme pas moins un ensemble indivisible ; chaque énumération se rattache au tout, chaque nuance ne peut être prise à part sans fausser l'esprit même de la loi. Ce que le législateur a cherché, c'est uniquement à restreindre les informations *militaires* ou *diplomatiques.* La liberté qu'il a permis au gouvernement d'enlever momentanément à la presse (art. 5 : La présente loi cessera d'être en vigueur à la date qui sera fixée par un décret du Président de la République et au plus tard à la conclusion de la paix) c'est uniquement la liberté de juger *publiquement* les opérations *militaires* ou *diplomatiques.* Relisez l'énumération que l'article I essaie à ce propos. Rien que du militaire. Et cependant la Censure civile, cachée dans le sous-sol du Ministère de l'Intérieur ou des préfectures de province, à moins, vieille habitude antidreyfusarde, que ce ne soit dans les corps de garde des états-majors, la Censure civile, puis à son exemple, ou à son ordre, la Justice militaire, ont coupé ce texte en quatre tronçons qu'on prétend animer chacun d'une vie propre. Et nous avons quatre lois en une. Il devient

punissable de publier par l'un des moyens énoncés à l'article 23 de la loi du 29 juillet 1881, c'est-à-dire même par une simple conversation tenue dans un lieu légalement public :

1° Toute information ou article concernant les opérations militaires ou diplomatiques ;

2° Toute information de nature à favoriser l'ennemi ;

3° Toute information de nature à exercer une influence fâcheuse sur l'esprit de l'armée ;

4° Toute information de nature à exercer une influence fâcheuse sur l'esprit des populations.

Aussitôt toute parole devient répréhensible. Et parfois l'illégalité monte jusqu'à la bouffonnerie. Cet hiver, voici ce que le parquet d'un des Conseils de guerre de Paris (on a eu besoin de trois Conseils, rien qu'à Paris, pour juger le pauvre monde, et aussi pour caser confortablement beaucoup de jeunes et de vieux amis en bel uniforme) voici le procès extravagant qu'un parquet militaire entreprit.

Une blanchisseuse agacée contre son fer à repasser le prit rudement à partie. Mêlant ses amertumes de blanchisseuse à ses colères de citoyenne, elle l'apostropha à peu près ainsi : « Vache, tu aurais plus chaud si tu étais comme cette v..., de Poincaré à Bordeaux ». Les blanchisseries sont à l'ordinaire ouvertes sur la rue, et tout s'y peut entendre. Un agent d'Antoine de Mouchy, un de ceux que Robespierre dénommait pompeusement « observateurs de l'esprit public » observa la blanchisseuse et son manque de civisme. Elle fut arrêtée. Et l'on n'instruisit pas contre elle pour offense au Président de la République, ce qui eût été légal (loi du 29 juillet 1881, a. 26) tout en restant bouffon. Pas davantage on ne l'incrimina d'outrages envers un magistrat de l'ordre administratif, par application de l'article 222 du Code pénal. Naguère on avait essayé d'appliquer ce texte à un politicien nationaliste, M. Barillier, conseiller municipal de Paris, qui dans une réunion publique au Hâvre avait traité M. Loubet de « cornichon ramolli ». Mais la Cour de cassation avait rappelé aux juges trop prompts à poursuivre M. Barillier que les outrages de cet ordre doivent être parvenus à la connaissance du magistrat outragé. Or M. Loubet ignorait le meeting du Hâvre, comme M. Poincaré la blanchisserie parisienne. Non — ce fut devant un juge militaire que la blanchisseuse fut traînée. Ses « propos alarmistes » pouvaient favoriser l'ennemi, démoraliser et l'armée et les populations, qui l'une comme les autres ont tant d'amour et de confiance en notre vénéré Président, et ne désirent pas la fin de la guerre parce que ce serait la fin de ses discours.

Il fallut que cet excès de zèle militaire fût calmé par des gradés plus supérieurs, même en intelligence.

Les anecdotes de cette sorte foisonnent, et le Palais les conte avec mélancolie. Car en somme tout cela est très triste. Nous sourions, mais nous courbons l'échine. La raillerie n'est qu'une piètre consolation de la servitude.

La raillerie devient de la rage, quand on songe à qui nous applique ainsi la loi déformée. L'illégalité de la censure tient surtout à sa composition. Elle se recrute surtout chez ceux qui n'auront jamais le sens de la légalité, parce qu'ils n'auront jamais le sens de notre race. Nous sommes des Latins, ils sont des Juifs.

Il faut le redire après tant d'autres. Et c'est une grande douleur de l'âge mûr que d'arriver presque à cet antisémitisme qui faisait le dégoût de ma jeunesse. Certains y ont sombré : Urbain Gohier, qui est un écrivain méchant, mais non pas un méchant écrivain, vient d'écrire sur la Censure un pamphlet où il voit du juif partout, et sémitise jusqu'aux cendres de Jaurès. Il a cru (et c'était encore du Jaurès, qui a fait un couplet là-dessus), il a cru à la haine féconde; et la haine l'a stérilisé. Je ne hais pas les juifs. J'en aime plusieurs, j'en estime beaucoup. Moi aussi, j'ai mon bon juif. Qu'ils prennent la France matérielle, ses négoces, ses comptoirs, ses banques, qu'ils agiotent sur les fournitures militaires, sur les munitions qui tueront des hommes. Eux aussi, ils perdent des leurs à la bataille. Ils savent d'ailleurs en profiter. Qu'ils prennent la France matérielle. Je ne demande pas qu'on les expulse : ils reviendraient tous, baptisés comme ces israélites qui, voulant voyager en Russie, se font luthériens pour trois mois. Mais qu'ils nous laissent la France qu'ils ne peuvent pas comprendre, celle qui nous enrichit du seul trésor que nous attendions d'elle. Qu'ils ne touchent pas à la France intellectuelle.

Or, voici la composition de la censure à Paris, et selon Clémenceau (à qui ses anciens amis juifs paient aujourd'hui leur dette d'il y a dix-sept ans, lorsqu'il ébranlait la France pour les sauver, et un peu aussi pour se refaire

par le fructueux pouvoir) voici qu'à Paris — et l'information de Clémenceau (20 novembre 1914) était connue de quiconque touche à la presse parisienne — voici que sur dix-neuf censeurs quatorze étaient juifs.

Il y avait bien cinq chrétiens : un Georges Victor-Hugo, qui, n'ayant jamais rien pu écrire lui-même de lisible, prétendait relire les autres, un André Fallières, qui parmi ces argousins de la pensée traînait la noble robe d'avocat, un Lichtenberger, censurant les confrères au bénéfice de son propre journal, cette « Guerre Sociale » devenue le régal des bourgeois. Celui-ci aurait dû songer qu'un parpaillot, descendant des persécutés pour la foi, ne devient pas persécuteur sans un affreux reniement. Mais M. Lichtenberger n'est pas huguenot : il n'est que protestant.

Cinq chrétiens : mais du menu fretin, qu'on paie en passes de premières. Seulement, parmi les quatorze juifs, qui voyez-vous toucher de leurs mains crochues les journaux parisiens ? C'est Gaston Moch, épave du dreyfusisme recueillie à Monaco, où le Prince de la Roulette tint la banque des consciences défraichies dans l'Affaire. C'est Klotz, mercanti du radicalisme. C'est Joseph Reinach enfin, Joseph Reinach surtout,

Joseph Reinach dont le nom depuis vingt ans se renifle à travers toutes les boues de la République.

Etait-ce pour libérer la France du nationalisme imbécile et sauvage que nous avions sauvé ces hommes en même temps que leur Capitaine ! Ah ! comme je comprends la rage qui dut secouer les derniers fidèles de la Gironde ou de la Montagne, quand ils virent les grenouilles du Marais s'enfler sous l'Empire et les entendirent coasser encore sous la Restauration.

L'arrogance juive est faite de la lâcheté chrétienne. Pourtant la résistance serait possible. Quand on prend le juif à la gorge, il a vite fait de reculer. Et je n'ai pas besoin des moyens si doux préconisés naguère par les syndicalistes désormais assagis, parce qu'appelés au banquet des fournitures et des censures. Je ne vote pas pour le citoyen Browning, je ne réclame point la machine à bosseler, la chaussette à clous, ou « Mamzelle Cizaille ». J'ai ce légalisme latin qui ferait bien rire un juif : l'appel à la justice. Et puisqu'aux esprits chancelants des temps actuels il faut la béquille des précédents, en voici deux : l'un ancien déjà, mais l'autre encore d'hier.

En 1816 M. de Chateaubriand, pair de France, est plus royaliste que le roi. Et le roi fait saisir « La Monarchie selon la Charte ». Croyez-vous que M. de Chateaubriand enverra seulement une belle protestation, que contresigneront les autres journalistes ? Il n'y a pas encore de Syndicat pour la Presse parisienne. Tant mieux. L'homme isolé est l'homme fort. M. de Chateaubriand s'oppose à la confiscation de son livre, harangue les typographes, qui bousculent les argousins, exige les « gens d'armes », comme l'écrit ce romantique, ne cède qu'à la gendarmerie, mais pour courir chez un notaire qui enregistre sa réclamation, enfin saisit la justice, gardienne des libertés même restaurées. Et le pouvoir cède et lui rend son livre. Cette histoire est facile à connaître. Elle est résumée dans un ouvrage qu'on lit encore quand on aime quelque peu à lire : « Les Mémoires d'Outre-Tombe » (Edition Biré, chez Charpentier, tome IV, pages 136-138, et appendice I, par Biré, pages 477-482).

Chateaubriand, me direz-vous, 1816, c'est un peu vieux. Quand je prononçai son nom devant le Conseil de guerre, je vis le front des juges se plisser. Ils cherchaient dans quelle caserne ils avaient pu rencontrer « ce particulier-là ». Eh bien, vous avez la seconde béquille de mes précédents :

1897, cette fois — l'affaire des portraits du duc d'Orléans.

Convaincus qu'à la seule vue des traits adorables du « Roy », la France du « Vert-Galant » et du « Bien-Aimé » acclamerait leur arrière-neveu, les Orléanistes avaient fait venir 200.000 portraits de Philippe. Le préfet de police, devant un si grand danger, prit la manière forte. Ne pouvant empoigner Philippe, qui restait sagement, et il a continué, sur les terres de son épouse l'Autrichienne, le préfet empoigna les 200.000 chromos.

Or les Orléanistes méprisent la République et sa Justice, mais ils ne dédaignent pas de porter devant celle-ci leurs querelles avec celle-là. Et le plus curieux, comme le plus noblement républicain, ce fut qu'ils gagnèrent.

Par un jugement du 8 avril 1897, le tribunal de la Seine ordonna la restitution des 200.000 portraits illégalement saisis.

« Le tribunal,

« Attendu qu'en ordonnant la saisie des portraits revendiqués, le préfet de police a procédé sur l'ordre du ministre de l'intérieur, mais comme officier de police judiciaire, en vertu de l'art. 10 C. inst. cr. visé dans son arrêté ; qu'il était donc tenu de se conformer aux prescriptions de la loi du 29 juillet 1881 sur la liberté de la presse; qu'il ne pouvait ordonner la saisie des portraits dont s'agit puisque ces portraits n'étaient pas de ceux auxquels pût s'appliquer l'art. 28 de cette loi et que, d'autre part, s'ils n'avaient pas été déposés au ministère de l'intérieur, c'est parce qu'ils avaient été saisis avant le moment de leur publication ;

« Attendu qu'en faisant pratiquer cette saisie en dehors des règles légales, le préfet de police a méconnu les droits du demandeur sur les portraits litigieux ; que dès lors, et sans qu'il y ait lieu de rechercher si de Vaux est jamais devenu propriétaire de ces portraits, qui lui ont été vendus en compte et ne lui ont pas été livrés, le préfet de Police doit les lui restituer, ou si cette restitution n'est plus possible, lui en payer la valeur. — »

Sans doute le jugement manifeste un peu de l'ironie judiciaire, de cet humour très contenu où la prudence du juge ménage le puissant du jour en même temps que celui, peut-être, du lendemain. Comme le préfet de police avait apparemment détruit le ballot royal, il en fallait fixer la valeur. Et ce fut à *cent sous* que le tribunal arbitra les 200.000 portraits du « Roy ».

L'opération semblerait plutôt désastreuse à Messieurs Klotz, Reinach et Moch, et même à Messieurs Georges Hugo, André Fallières et Lichtenberger, ces chrétiens sémitisés. Moi, j'aimerais à la tenter, dussé-je n'y pas gagner un centime. Il suffirait au directeur d'un journal censuré pour une information qui ne fût ni militaire ni diplomatique de persister dans sa publication, de laisser confisquer son journal, mais de réclamer aussitôt devant le tribunal civil la restitution des exemplaires saisis. Nul besoin de faire enregistrer une protestation préalable par un tabellion. Ce qu'un notaire royal acceptait en 1816, je ne vois pas un seul notaire « républicain » qui voulût s'y prêter en 1915. Mais le policier qui aurait fait la saisie au nom de la Censure, c'est-à-dire du ministre de l'intérieur, il n'y aurait qu'à le mettre en cause, comme en 1897 le préfet de police. Et la justice française serait bien obligée de dire si la pensée française doit être bâillonnée à la guise de la censure juive.

Car la liberté de penser, même incarnée dans la presse d'aujourd'hui, reste la persécutée qui m'intéresse. Et vers cette chose depuis quinze mois passée va, ô candeur, ma sombre fidélité.

CAHORS & ALENÇON, IMP. COUESLANT. — 18.439

DU MÊME AUTEUR

1. **Cent ans de Lutte Sociale. La Législation de l'Enfance, 1789-1893.** Guillaumin, Paris, 1893. (2e édition — 1789-1898 — honorée d'une souscription du Ministère de la Justice, et adoptée par le Ministère de l'Instruction Publique. Guillaumin, 1899).

2. **Le Crime et l'Ecole.** Paris, Guillaumin, 1896.

3. **La Corporation des maîtres-écrivains et l'expertise en écriture sous l'ancien régime.** (Avec une préface de M. Ferdinand Buisson). Paris, Giard et Brière, 1899.

4. **Criminels, Suicidés et Buveurs.** Aberlen, à Vals-les-Bains, 1899.

5. **La Vente d'une Congrégation sous Louis XV. La suppression des Jésuites.** Aberlen, 1901.

6. **La Méthode du Féminisme.** Aberlen, 1902.

7. **Le Droit Pénal et la Morale.** Bulletin des Associations Chrétiennes d'Etudiants, n° du 15 juin 1903. — Aberlen, 1903.

8. **La Bienfaisance privée et la surveillance de l'Etat.** Aberlen, 1904.

9. **Les Clubs de femmes sous la Révolution.** (Avec un discours de Mme Vincent). Aberlen, 1904.

10. **La Recherche de la Paternité.** (Avec une préface de Mme d'Abbadie d'Arrast). Aberlen, 1904.

11. **La Réforme du Barreau.** Paris, Edition des « Echos Parisiens », 1905.

12. **L'Affaire Hervé. L'Avocat et la liberté d'opinion.** Aberlen, 1906.

13. **La lutte Sociale dans le Prétoire.** Plaidoyers. La lutte religieuse. La lutte révolutionnaire. La lutte syndicaliste. (1906-1910). Variétés. Souvenirs de Combat. (1893-1911). Paris, Edition de « La Liberté d'Opinion », 1911.

14. **Magistrature et Parlement.** Plaidoirie. Edition de « La Liberté d'Opinion », 1911.

15. **Faut-il un nouveau Concordat ?** Questionnaire, réponses et conclusion. Paris, 1913.

16. **La Liberté d'Opinion,** 1907 à 1914.

17. **Le Brûlement de Senlis.** Plaidoirie. Edition de « La Liberté d'Opinion », 1915.

www.ingramcontent.com/pod-product-compliance
Ingram Content Group UK Ltd.
Pitfield, Milton Keynes, MK11 3LW, UK
UKHW012127240726
13965UKWH00005B/2013

9 782013 052788